BEI GRIN MACHT SICH IHR WISSEN BEZAHLT

- Wir veröffentlichen Ihre Hausarbeit, Bachelor- und Masterarbeit

- Ihr eigenes eBook und Buch - weltweit in allen wichtigen Shops

- Verdienen Sie an jedem Verkauf

Jetzt bei www.GRIN.com hochladen und kostenlos publizieren

Bibliografische Information der Deutschen Nationalbibliothek:

Die Deutsche Bibliothek verzeichnet diese Publikation in der Deutschen Nationalbibliografie; detaillierte bibliografische Daten sind im Internet über http://dnb.d-nb.de/ abrufbar.

Dieses Werk sowie alle darin enthaltenen einzelnen Beiträge und Abbildungen sind urheberrechtlich geschützt. Jede Verwertung, die nicht ausdrücklich vom Urheberrechtsschutz zugelassen ist, bedarf der vorherigen Zustimmung des Verlages. Das gilt insbesondere für Vervielfältigungen, Bearbeitungen, Übersetzungen, Mikroverfilmungen, Auswertungen durch Datenbanken und für die Einspeicherung und Verarbeitung in elektronische Systeme. Alle Rechte, auch die des auszugsweisen Nachdrucks, der fotomechanischen Wiedergabe (einschließlich Mikrokopie) sowie der Auswertung durch Datenbanken oder ähnliche Einrichtungen, vorbehalten.

Impressum:

Copyright © 2017 GRIN Verlag, Open Publishing GmbH
Druck und Bindung: Books on Demand GmbH, Norderstedt Germany
ISBN: 9783668574830

Dieses Buch bei GRIN:

http://www.grin.com/de/e-book/380906/evb-it-die-abnahme-der-evb-it-system-agb

Anonym

EVB-IT. Die Abnahme der EVB-IT System-AGB

GRIN Verlag

GRIN - Your knowledge has value

Der GRIN Verlag publiziert seit 1998 wissenschaftliche Arbeiten von Studenten, Hochschullehrern und anderen Akademikern als eBook und gedrucktes Buch. Die Verlagswebsite www.grin.com ist die ideale Plattform zur Veröffentlichung von Hausarbeiten, Abschlussarbeiten, wissenschaftlichen Aufsätzen, Dissertationen und Fachbüchern.

Besuchen Sie uns im Internet:

http://www.grin.com/

http://www.facebook.com/grincom

http://www.twitter.com/grin_com

Inhaltsverzeichnis

Inhaltsverzeichnis I
Abkürzungsverzeichnis II
Einleitung 1
1. Grundlegendes **2**
    1.1 EVB-IT System 2
    1.2 Vertragstypologie 2
    1.3 Rechtliche Bedeutung der Abnahme 3
2. Prüfung der AGB-Regelungen **3**
    2.1 Funktionsprüfungszeitraum 4
    2.2 Mängelklassen 6
    2.3 Stillschweigende Abnahme 8
3. Fazit **11**
Literaturverzeichnis III

Abkürzungsverzeichnis

a.M.	am Main
AGB	Allgemeine Geschäftsbedingungen
BeckOK	Beck'sche Online-Kommentar
BeckRS	Beck'sche Online-Rechtsprechung
Beschl.	Beschluss
BGB	Bürgerliches Gesetzbuch
BGH	Bundesgerichtshof
bspw.	beispielsweise
bzgl.	bezüglich
bzw.	beziehungsweise
CR	Computer und Recht
EVB-IT	Ergänzende Vertragsbedingungen für die Beschaffung von IT-Leistungen
ff.	fortfolgende
gem.	gemäß
grds.	grundsätzlich
Hrsg.	Herausgeber
i.d.R.	in der Regel
i.F.v.	in Form von
i.V.m.	in Verbindung mit
i.S.d.	im Sinne des
insb.	insbesondere
ITRB	IT-Rechtsberater
MMR	MultiMedia und Recht
NJW	Neue Juristische Wochenschrift
Nr.	Nummer
NZBau	Neue Zeitschrift für Baurecht und Vergaberecht
OLG	Oberlandesgericht
Rdnr.	Randnummer
RR	Rechtsprechungs-Report
S.	Satz
Urt.	Urteil
v.	vom
z.B.	zum Beispiel
ZfBR	Zeitschrift für deutsches und internationales Bau- und Vergaberecht
Ziff.	Ziffer

[Mit der Bezeichnung „Ziff." wird sich im Übrigen immer auf die EVB-IT System-AGB bezogen]

Einleitung

Die Anwendung der EVB-IT beschränkt sich nicht nur auf die öffentliche Hand, sondern auch in der Privatwirtschaft wird gerne auf die Vertragsmuster zurückgegriffen. Gegenstand dieser wissenschaftlichen Ausarbeitung sind ausgewählte Teile der Abnahmeklauseln der EVB-IT System-AGB, nämlich die dort getroffenen Regelungen bzgl. Funktionsprüfungszeiträumen, der Mängelklassifizierung und der stillschweigenden Abnahme in Form einer konkludenten Abnahme bzw. einer Abnahmefiktion.

Ziel ist es, die Frage zu beantworten, ob diese Regelungen für Unternehmen, die sich bei ihrer AGB-Gestaltung an denen des EVB-IT Systems orientieren, komplett unbedenklich sind, sie kein rechtliches Risiko mit sich bringen und eine direkte Übernahme sinnvoll erscheint. Hierbei wird auf die Sicht des Auftragnehmers als AGB-Verwender abgestellt.

Zur Klärung dieser Frage, wird im ersten Schritt kurz auf die Entstehung des EVB-IT Systemvertrags und dessen AGB, seiner vertragstypologischen Einordnung und der rechtlichen Bedeutung der werkvertraglichen Abnahme eingegangen um ein grundlegendes Verständnis zu schaffen, welches fortführend benötigt wird.

Nachfolgend prüft der zweite Schritt die genannten Regelungen bzgl. deren Wirksam- und rechtlicher Bedenklichkeit, wobei sich an passende Rechtsprechung gehalten wird, um Spielräume und Grenzen in der Klauselgestaltung zu erläutern.

Zuletzt wird die Ausarbeitung mit einem abschließenden Fazit, welches die eingangs aufgeworfene Leitfrage beantwortet, beendet.

1. Grundlegendes

1.1 EVB-IT System

Der Entstehung des EVB-IT Systemvertrags und der dazugehörigen AGB lag der Gedanke einer einheitlichen Beschaffung der Komponenten komplexer IT-Systeme mit verringertem Vertragsabwicklungsaufwand zugrunde.[1] Er wurde im August 2007 durch das Bundesministerium des Innern erstmals und später im Jahr 2012 in einer überarbeiteten Fassung veröffentlicht.[2] Laut Ziff. 1.1 ist der Vertragsgegenstand dabei die Erstellung eines Gesamtsystems.

1.2 Vertragstypologie

Ziff. 1.1 hält zudem fest, dass Vertragsgrundlage ein Werkvertrag sei. Solche bezeichnenden Versuche den Vertragstyp festzulegen entfalten allerdings keine rechtskräftige Bindungswirkung. Stattdessen sind die Gesamtheit der konkreten Einzelfallumstände der Vertragsgestaltung und die genauen Leistungsvereinbarungen maßgeblich.[3]

So lässt sich ein Vertrag, der individuelle Programmierleistungen zum Schwerpunkt hat, als Werkvertrag qualifizieren.[4] Andererseits können Verträge unter gewissen Umständen wie z.B. hohem Hardwarewert[5] oder unwesentlichen Planungsleistungen auch dem Kaufrecht unterliegen.[6]

Hinsichtlich des EVB-IT Systemvertrags und dessen, aus mehreren Bestandteilen bestehenden, Gesamtsystems als Vertragsgegenstand, stellt sich insb. die Frage der gemeinsamen Vertragseinordnung solcher für sich genommen total unterschiedlicher Vertragstypen (bspw. Individualsoftware und Hardware). Dem BGH nach lässt sich ein Vertrag mit mehreren Elementen zu unterschiedlichen Vertragstypen als eigener Vertragstyp ansehen und aufgrund seiner Schwerpunktbetrachtung trotzdem insgesamt dem Werkvertragsrecht i.S.d. §§631 ff. BGB zuordnen.[7]

---

[1] Müglich, Computerrechts-Handbuch, Rdnr. 49a.
[2] Fischer / Müller, ITRB 2012, 422, 422.
[3] BGH, MMR 2010, 398, 399.
[4] OLG Düsseldorf, CR 2015, 158.
[5] Bischof / Schneider, Handbuch IT- und Datenschutzrecht, Rdnr. 200.
[6] BGH, ZfBR 2009, 778, 781.
[7] BGH, MMR 2010, 398, 399.

Folglich lässt sich festhalten, dass wenn der Schwerpunkt auf werkvertragstypischen Leistungen wie der erfolgsabhängigen Betriebsbereitschaftsherbeiführung des Gesamtsystems liegt, der EVB-IT Systemvertrag dem Werkvertragsrecht unterliegt.[8]

Die Rechtsprechung offenbart, dass die Frage der vertragstypologischen Einordnung von Softwareverträgen, auch hinsichtlich des EVB-IT Systemvertrags, nicht unstreitig ist, sie aber mit entsprechender Schwerpunktsetzung der Vertragsgestaltung bestimmbar ist.

1.3 Rechtliche Bedeutung der Abnahme

Abgrenzend zum kaufvertragsrechtlichen Abnahmebegriff i.S.d. §433 II BGB geht die werkvertragliche Abnahme nach §§634 ff. BGB über die körperliche Entgegennahme hinaus.[9] Das BGB legt mit §640 BGB zwar fest, dass eine Abnahme im Werkvertragsrecht vorgenommen werden muss, definiert diese selbst aber nicht.[10] Der Rechtsprechung nach stellt die Abnahme grds. die Willenserklärung des Bestellers dar, mit der er das Werk in Form der Besitzübertragung körperlich entgegennimmt und dieses als im Wesentlichen vertragsgemäß anerkennt und billigt.[11] Sie stellt eine Hauptleistungspflicht des Bestellers dar[12], mit der hohe rechtliche Relevanz einhergeht, da mit ihr der Vertrag erfüllt wird und bedeutsame Rechtsfolgen verbunden sind, wie die Vergütungsfälligkeit (§641 BGB), Verjährungsbeginn der Mängelansprüche (§634a BGB), Gefahrenübergang (§644 I BGB) oder die Beweislastumkehr bzgl. Mängel.[13] Die Gestaltung der genauen Abnahmeprozedur i.F.v. Prüfungs- und Testverfahren bleibt den Vertragsparteien überlassen[14], wobei sich konkrete Abnahmekriterien aus dem Pflichtenheft ergeben sollten.[15]

2. Prüfung der AGB-Regelungen

Hinsichtlich folgender Prüfung wird eine Vertragsgestaltung unterstellt, die unstreitig dem Werkvertragsrecht zuordnen ist, da Abnahmeklauseln bspw. auch unwirksam sein können, wenn der Vertrag eigentlich dem Kaufrecht unterliegt und so bspw. eine ganz andere zeitliche Handhabung der Mängelansprüche anzuwenden ist.[16]

---

[8] Intveen, ITRB 2013, 168.
[9] Mansel in Jauernig, §640 Rdnr. 1.
[10] Conrad / Witzel, Handbuch IT- und Datenschutzrecht, Rdnr. 220.
[11] BGH, NJW 1967, 2259, 2260.
[12] Sprau in Palandt, §640 Rdnr. 8.
[13] Marly, Praxishandbuch Softwarerecht, Rdnr. 1421.
[14] Conrad / Witzel, Handbuch IT- und Datenschutzrecht, Rdnr. 221.
[15] Conrad / Witzel, Handbuch IT- und Datenschutzrecht, Rdnr. 224.
[16] Kremer / Sander, CR 2015, 146, 153.

Weiter gilt es zu beachten, dass Verträge über komplexe IT-Systeme i.d.R. zwischen Unternehmern geschlossen werden, womit gem. §310 I BGB die Anwendung von §§305 II, III, 308 Nr.1 – 8 und 309 BGB ausgeschlossen wird, welche durch deren Indizwirkung aber nicht komplett ungeachtet bleiben sollten.[17]

2.1 Funktionsprüfungszeitraum

Gem. Ziff. 12.3 beträgt der Funktionsprüfungszeitraum für das Gesamtsystem, welche mit Zugang der Betriebsbereitschaftserklärung beginnt, 30 Tage. Das Interesse des Auftragnehmers dürfte im Zusammenhang mit der Abnahme i.d.R. immer deren möglichst schnelle Abwicklung sein. Allerdings kann man davon ausgehen, dass (insb. bei komplexen IT-Systemen) je kürzer die Funktionsprüfungszeit in den AGB angesetzt wird, die Bedenklichkeit bzgl. der Inhaltskontrolle aus §307 BGB umso größer wird. Schließlich möchte der Auftraggeber hinsichtlich des bedeutsamen Erklärungsgehalts der Abnahme mittels ausführlicher Erprobung des Gesamtsystems im Vorfeld sicherstellen, dass das Werk den vertragsmäßig vereinbarten Erfolg erfüllt. Dafür bedarf es einem angemessenen Prüfungszeitraum, mit dem diese gewährleistet werden kann. Auch die Rechtsprechung geht davon aus, dass Software zunächst innerhalb solcher Erprobung mängelfrei gelaufen sein sollte, sodass eine Abnahme in Betracht kommt.[18] Allerdings kann es dabei nicht abnahmehindernd sein, wenn der Auftraggeber die Möglichkeit zur Erprobung hat, er diese aber nicht wahrnimmt.[19] Gem. §271a III BGB ist eine Vereinbarung mit Prüfungszeitraum von mehr als 30 Tagen außerdem nur wirksam, wenn sie ausdrücklich getroffen wurde und hinsichtlich des Gläubigers nicht grob unbillig ist. In den AGB des Auftragnehmers würde eine solche Regelung zu eigenen Lasten gehen und wäre somit nicht hinsichtlich der Gläubigerbelange grob unbillig. In der auftraggeberfreundlichen Prüfungszeit von 30 Tagen ist daher keine unangemessene Benachteiligung zu sehen und die Regelung ist wirksam.

Ziff. 12.6 regelt weiter die Folgen eines Funktionsprüfungsabbruchs gem. Ziff. 12.5 S.1, womit der Auftraggeber dem Auftragnehmer eine angemessene Frist zur Mängelbeseitigung setzt. Diese Formulierung dient der Berücksichtigung der konkreten Einzelfallumstände und auch der Rechtssicherheit, weil somit der Gefahr einer unangemessenen Benachteiligung i.S.d. §307 BGB aus dem Weg gegangen wird.

---

[17] BGH, NJW 1984, 1750.
[18] OLG Hamburg, CR 1986, 83, 84.
[19] Redeker, Software-Erstellungsverträge, Rdnr. 210.

Nachdem diese Mängelbeseitigung stattgefunden und der Auftragnehmer die Betriebsbereitschaft erneut erklärt hat, wird dem Auftraggeber erneut Gelegenheit zur Funktionsprüfung gegeben. Der Zeitraum dafür beläuft sich allerdings auf nur 14 Tage. Somit sind Szenarien denkbar, bei denen die gesamte Funktionsprüfungszeit weniger als 30 und im Extremfall sogar nur 15 Tage beträgt.[20] Auftragnehmer könnten bspw. bewusst Mängel verbauen, die direkt einen Funktionsprüfungsabbruch nach sich ziehen, um den Auftraggeber gezielt um seine Funktionsprüfungszeit zu bringen.

Fraglich ist, ob in der pauschalen Handhabung, ohne Berücksichtigung der unvorteilhaften Szenarien, eine unangemessene Benachteiligung zu sehen ist. Eine unangemessen Benachteiligung entgegen den Geboten von Treu und Glauben i.S.d. §307 BGB liegt vor, wenn versucht wird die eigenen Interessen durch einseitige Vertragsgestaltung auf Kosten des Vertragspartners durchzusetzen und dessen Belange unzureichend berücksichtigt werden, ohne dass ihm ein angemessener Ausgleich zukommt.[21] Das Interesse des Verwenders ist hier in der möglichst schnellen Abnahme zu sehen, welches durch die Verwendung der relevanten AGB durchzusetzen versucht wird. Dies wiederum geht zu Lasten des Vertragspartners, welcher ein Interesse an einem möglichst langen Erprobungszeitraum hat. Diese Belange werden hinsichtlich komplexer IT-Systeme bei genannten Extremfällen auch nicht hinreichend berücksichtig und ein angemessener Ausgleich ist nicht ersichtlich.

Gem. §307 II BGB wird eine unangemessene Benachteiligung zudem indiziert, bei entweder Unvereinbarkeit mit einer gesetzlichen Regelung (Nr.1) oder Gefährdung wesentlicher Rechte und Pflichten, die sich aus der Vertragsnatur ergeben (Nr.2). Bei ersterem lässt sich analog die Fiktionsregelung aus §640 I S.3 BGB heranziehen, wo von einer angemessenen Frist die Rede ist. Hierbei kann man sich die Frage stellen, inwieweit eine so extreme Fristverkürzung von bis zu 15 Tagen, also einer Reduzierung um 50%, noch der Angemessenheit unterliegt. Bei zweiter Indizwirkung kann eine Gefährdung von wesentlichen Rechten ebenfalls in der fehlenden angemessenen Prüfung des relevanten Erfolgs, von dem der Werkvertrag in seiner Vertragsnatur abhängig ist, zu sehen sein.

---

[20] Intveen, ITRB 2013, 168, 170.
[21] BGH, NJW 2001, 2331.

Für die Unwirksamkeit einer Klausel, ohne die die Rechtslage des Vertragspartners günstiger wäre, muss eine Benachteiligung von gewissem Gewicht vorliegen, wobei hieran nicht allzu hohe Anforderungen gestellt werden.[22]

Folgt man dem zweistufigen Prüfungsplan [23], gilt es zunächst die nachteilige Rechtslagengestaltung festzustellen. Dies geschieht mittels des objektiv-rechtlichen Vergleichsmaßstabs unter einer generalisierenden und typisierenden Betrachtung. Die Rechtslage nach Gesetzesrecht liefert zu einer Mindestprüfzeit im Zusammenhang mit der Abnahme keine Regelung, nur bzgl. der Abnahmefiktion kann man den Begriff der „angemessenen Frist" analog hinzuziehen. Typische Interessen hinsichtlich der Abnahme sind auf beiden Seiten die Feststellung der vertragsmäßigen Werkleistung. Einer solchen Feststellung steht eine Klausel entgegen, durch die der Prüfungszeitraum nicht unbedeutend verkürzt werden kann, ohne dass die vorherige Funktionsprüfung diese stets rechtfertigen kann.

Weiter gilt es, die gegenüberstehenden Interessen abzuwägen. Das in der werkvertraglichen Natur wurzelnde Interesse der Möglichkeit zur ausreichenden Erprobung des Gesamtsystems auf Seiten des Auftraggebers überwiegt hierbei das gegenüberliegende und weniger schutzwürdige Interesse einer schnellen Abnahme. Dieser Interessenslage wird die Klausel in ihrer konkreten Gestalt mit ihrem für den Auftraggeber nachteiligen Auswirkungspotenzial allerdings nicht gerecht.

Somit erregt die Klausel große rechtliche Bedenklichkeit hinsichtlich einer unangemessene Benachteiligung i.S.d. §307 BGB und eine Unwirksamkeit liegt nahe. Folglich sollte man den dort geregelten Prüfungszeitraum flexibler gestalten, sodass eine Berücksichtigung der konkreten Einzelfallumstände möglich ist.

2.2 Mängelklassen

Der Abnahmeanspruch liegt erst dann vor, wenn das Werk mängelfrei ist, sprich wenn der vertraglich vereinbarte Erfolg erfüllt wurde.[24] Allerdings ist Software i.d.R. nie komplett mängelfrei. Dem kommt die gesetzliche Regelung aus §640 I S.2 BGB nach, womit es dem Besteller untersagt ist, die Abnahme wegen unwesentlicher Mängel zu verweigern. Der Begriff der Unwesentlichkeit kann dabei für Konfliktpotenzial zwischen den Vertragsparteien sorgen, weil dieser nicht gesetzlich definiert wird und dennoch eng

---

[22] BeckOK BGB / H. Schmidttm 42. Ed. 1.11.2016, BGB §307 Rdnr. 27.
[23] Stoffels, AGB-Recht, Rdnr. 466.
[24] Schwab, AGB-Recht,, Rdnr. 1484.

auszulegen ist.[25] Empfehlenswert ist demnach eine möglichst genaue Festlegung von Mängelklassen. Wichtig dabei ist, dass keine unangemessene Mängelklassifizierung geregelt wird. So liegt bspw. mit hoher Wahrscheinlichkeit ein großes Interesse auf Auftragnehmerseite vor, den Begriff der unwesentlichen Mängel möglichst weit zu definieren. Dagegen spricht allerdings, dass hierbei eine Unvereinbarkeit mit §640 I S.2 BGB und mithin eine unangemessene Benachteiligung i.F.v. §307 I, II Nr.1 BGB zu sehen wäre.

In Ziff. 3 wird zwischen betriebsver-, betriebsbehindernden und leichten Mängeln differenziert. Ein leichter Mangel wird nach Ziff. 3.1.3 als ein Mangel definiert, der die Nutzung des Gesamtsystems nicht oder nur unwesentlich einschränkt. Für die Abnahme bedeutet das gem. Ziff. 12.5, dass die Funktionsprüfung aufgrund betriebsverhindernder und/oder betriebsbehindernder Mängel abgebrochen werden kann (bei lediglich letzteren Mängeln nur sofern eine Fortsetzung der Prüfung nicht mehr sinnvoll erscheint). Nach Abschluss bzw. Abbruch der Funktionsprüfung hat der Auftraggeber dem Auftragnehmer die Mängel mitzuteilen. Diese Formulierung erscheint auch übereinstimmend mit der Rechtsprechung, sodass sich die Darlegungslast nur auf Mangelerscheinung selbst und nicht deren Ursache erstreckt.[26] Demnach ist die Regelung aus Ziff. 12.5 wirksam, lediglich der Begriff „sinnvoll" könnte für mehr Klarheit genauer definiert werden, da hinsichtlich §305c II BGB Mehrdeutigkeiten, die bei der AGB-Auslegung für Zweifel sorgen, ohnehin zu Lasten des Verwenders gehen.

Im Zusammenhang mit der Mängelklassifizierung gilt es zudem Ziff. 12.8 zu prüfen. Geregelt wird, dass nach Ende der Funktionsprüfungszeit die Abnahme durch den Auftraggeber erklärt wird, sofern das Gesamtsystem lediglich leichte Mängel aufweist und diese in ihrer Summe nicht als betriebsbehindernde Mängel gem. Ziff. 3.2 anzusehen sind. Ziff. 3.2 stuft mehrere leichte Mängel, die insgesamt in ihrer Summe zu einer nicht unerheblichen Nutzungseinschränkung des Gesamtsystems führen, als einen betriebsbehindernden Mangel ein. Fraglich ist an dieser Stelle, ob hier nicht ein Verstoß gegen §307 BGB vorliegt, welcher nach §307 II Nr.1 BGB anzunehmen wäre, wenn die Regelung mit dem wesentlichen Grundgedanken einer gesetzlichen Regelung unvereinbar ist. Folgt man dem strikten Wortlaut des §640 I S.2 BGB kann eine Abnahme nicht wegen unwesentlicher Mängel verweigert werden. Einem solchen unwesentlichen Mangel i.S.d. §640 I S.2 BGB kommt der in Ziff. 3.1.3 geregelte

---

[25] Witzel, CR2017, 213.
[26] BGH, MMR 2014, 591, 592.

Begriff eines „leichten Mangels" gleich, da deren Auswirkung als „ohne oder mit unwesentlicher Einschränkung" festgehalten wird. Allerdings ist alleine aus dem Gesetzeswortlaut nicht ersichtlich, dass eine Summierung unwesentlicher Mängel zu einer rechtmäßigen Abnahmeverweigerung führen kann.

Zieht man dagegen die teleologische Auslegungsmethode heran, ergibt sich als Sinn und Zweck der Norm die Umgehung von abnahmehindernden Mängeln, die in ihrer Form für den gesamten Werkerfolg nur unwesentliche Bedeutung haben. Allerdings sind auch Szenarien denkbar, bei denen eine so große Menge an, für sich genommen unbedeutenden, Mängeln den Werkerfolg in seiner Gesamtheit umfangreich beeinträchtigen und es scheint sehr bedenklich dahingehend zu argumentieren, dass diese Umstände insgesamt als unwesentlich abgetan werden können, um eine berechtigte Abnahmeverweigerung auszuschließen.

So sieht das auch die Rechtsprechung im Baurecht, wonach darauf zu achten ist, dass die Mängel nach Art und Umfang nicht derart unbedeutend sind und sich eine auf sie gestützte Abnahmeverweigerung als entgegen den Geboten von Treu und Glauben aus §242 BGB rechtsmissbräuchlich darstellt.[27] So kann die isolierte Betrachtung mehrerer kleiner Baumängel, die alleine wenig ins Gewicht fallen, nicht in Frage kommen und eine wesentliche Mangelhaftigkeit, die zur Abnahmeverweigerung führt, begründet werden.[28] Folglich kann in genannter Regelung aus Ziff. 12.8 keine unangemessene Benachteiligung i.S.d. §307 BGB gesehen werden und ist mithin wirksam.

2.3 Stillschweigende Abnahme

Gem. Ziff. 12.11 hat die Abnahme förmlich zu erfolgen. Die Frage nach der Wirkung bzgl. abverlangter Förmlichkeit lässt sich dahingehend beantworten, dass dies bei berechtigtem Beweissicherungsinteresse auf Verwenderseite rechtfertigbar ist[29] und Regelungen dieser Art die konkludente Abnahme nicht automatisch ausschließen, wobei ein solcher Ausschluss ohnehin unwirksam sein dürfte.[30] Die konkludente Abnahme setzt laut Rechtsprechung voraus, dass der Auftragnehmer nach Treu und Glauben mit Rücksicht auf die Verkehrssitte davon ausgehen konnte, der Auftraggeber billige die

---

[27] OLG Hamm, NZBau 2002, 218, 219.
[28] OLG Frankfurt a.M. Urt. v. 29.9.2014 – 1 U 283/12, BeckRS 2014, 21862.
[29] BGH, NJW 1996, 1346.
[30] Redeker, IT-Recht, Rdnr. 347.

erbrachte Leistung als vollständig oder zumindest im Wesentlichen vertragsgerecht.[31] So kann bspw. trotz einer vereinbarten förmlichen Abnahme aufgrund erfolgter Zahlung der Rechnung ein stillschweigender Verzicht auf die erforderliche Förmlichkeit und mithin eine stillschweigende Abnahme durch schlüssiges Handeln angenommen werden.[32] Hierbei müssen unzweideutige Tatsachen vorliegen, die den erforderlichen Verzichtwillen erkennen lassen.[33] An die Erkennbarkeit des Verzichtwillens hinsichtlich der erforderlichen Förmlichkeit sind dabei erhebliche Anforderungen zu stellen.[34]

Bloße Installation und erste Arbeitsversuche einer Software können nicht bereits eine konkludente Abnahme begründen.[35] Zwar stellt die vorbehaltslose und komplette Rechnungszahlung laut Rechtsprechung grds. eine konkludente Abnahme dar, doch liegt ein Ausnahmefall vor, wenn Umstände ergeben, dass das Werk bzgl. der vertragsgemäßen Leistungserbringung dennoch grundlegend missbilligt wird.[36] Zudem kann eine konkludente Abnahme angenommen werden, wenn der Besteller eine im Wesentlichen mängelfreie Software über einen nicht unbedeutenden Zeitraum produktiv nutzt.[37] So ist auch denkbar, dass ein sich nicht nur auf Testzwecke beschränkender und produktiver Echtbetrieb über mehrere Monate sogar trotz erhobener Mängelrügen zur konkludenten Abnahmeerklärung führt.[38]

Weitergehend regelt die Klausel, dass es einer Abnahme gleich steht, wenn der Auftraggeber nicht innerhalb einer angemessenen Fristsetzung durch den Auftragnehmer abnimmt, obwohl das Gesamtsystem abnahmefähig ist, es also vertragsgemäß hergestellt wurde und er somit dazu verpflichtet ist.[39] Das entspricht der gesetzlichen Fiktionsregelung aus §640 I S.3 BGB, wonach die Abnahme als erteilt gilt, wenn das Begehren des Auftragnehmers nicht innerhalb angemessener Frist unter Verweis auf einen sachlichen Grund zurückgewiesen wird.[40] Zu beachten dabei ist, dass die Abnahme nur fingierbar ist, wenn das Werk auch im Wesentlichen mängelfrei ist. Andernfalls kommt die Abnahme nur durch ausdrückliche Erklärung in Frage.[41]

---

[31] OLG Koblenz Beschl. v. 19.2.2010 – 2 U 704/09, BeckRS 2010, 13395.
[32] OLG Frankfurt Urt. v. 28.9.2005 – 7 U 189/03, BeckRS 2006, 10087.
[33] BGH, NJW 1993, 1063, 1064.
[34] OLG Düsseldorf, NJW-RR 1999, 529.
[35] OLG Karlsruhe, CR 2003, 95, 96.
[36] OLG Hamm Urt. v. 19.2.2002 – 24 U 144/01. BeckRS 2002, 3309.
[37] OLG München, NJW 1991, 2158.
[38] Redeker, IT-Recht, Rdnr. 343.
[39] Redeker, Software-Erstellungsverträge, Rdnr. 215.
[40] Bischof / Schneider, Handbuch IT- und Datenschutzrecht, Rdnr. 228.
[41] Redeker, IT-Recht, Rdnr. 345.

Würde der AGB-Verwender zwecks schnellerer Abnahme bspw. versuchen eine Fiktionsregelung durchzusetzen, bei der keine Möglichkeit bzw. nur ein sehr kurzer Zeitraum für einen Testlauf des Gesamtsystems gewährleistet wird, dürfte hierbei eine unangemessene Benachteiligung i.S.d. §§307 BGB zu sehen sein. Gegenüber Verbrauchern müsste man zudem den Anforderungen aus §308 Nr.5 BGB gerecht werden, wonach eine fingierte Erklärung nur möglich ist, wenn dem Vertragspartner eine angemessene Frist zu Abgabe einer ausdrücklichen Erklärung eingeräumt und er auf seine Verhaltensbedeutung bei Fristbeginn besonders hingewiesen wird. [42] Außerdem wären AGB des Auftragnehmers unwirksam, wenn das Werk bereits durch den Einsatz als abgenommen gelten soll.[43]

Der für die Abnahmefiktion notwendigen Abnahmereife kann auch die Nichtlieferung einer Bedienungsanleitung bzw. Dokumentation entgegenstehen [44], weil diese essentieller Werkleistungsbestandteil ist.[45] Allerdings ist bei bereits seit längerem erfolgter Werknutzung auch die Verwirkung solcher Einwände denkbar.[46]

Letztlich ist das gesamte Bestellerverhalten[47] und die konkreten Einzelfallumstände entscheidend, ab wann man eine stillschweigende Abnahme annehmen kann, wobei es schon klarer Hinweise bedarf.[48]

Wie man sieht, hat die Rechtsprechung deutliche Grenzen zur Regelung einer stillschweigenden Abnahme i.F.v. konkludenter Abnahme oder Abnahmefiktion hervorgebracht, die in vorliegender AGB-Klausel auch nicht ungeachtet bleiben. I.V.m. der direkten Nähe zur gesetzlichen Regelung ist demnach von ihrer Wirksamkeit auszugehen.

---

[42] Redeker, Software-Erstellungsverträge, Rdnr. 216.
[43] OLG Hamm, CR 1989, 385, 386.
[44] Conrad / Schneider, Handbuch IT- und Datenschutzrecht, Rdnr. 89.
[45] BGH, NJW 1993, 1063, 1064.
[46] OLG Düsseldorf, NJW-RR 1996, 821, 822.
[47] OLG Saarbrüücken, CR 1988, 470, 471.
[48] Redeker, Software-Erstellungsverträge, Rdnr. 212 ff.

3. Fazit

Abschließend lässt sich die eingangs gestellte Leitfrage negativ beantworten: Nein, die vorliegend geprüften Regelungen sind nicht komplett unbedenklich. Zwar sorgen die Klauseln bzgl. Mängelklassen und Abnahmefiktion für wenig bis keine Rechtsunsicherheit, dafür aber jene zum erneuten Prüfungszeitraum nach vorherigem Abbruch der Funktionsprüfung, weil hierbei keine ausreichende Einzelfallberücksichtigung zugelassen wird und äußerst benachteiligende Szenarien mit unangemessenen Prüfungszeiträumen denkbar sind. Folglich ist von einer unmittelbaren AGB-Übernahme aus dem Vertragsmuster abzuraten und Anpassungen hinsichtlich geschilderter Problematik sind vorzunehmen.

Literaturverzeichnis

Kommentare

- Bamberger / Roth; BeckOK BGB, 42. Edition, Stand: 01.11.2016.

- Jauernig; Bürgerliches Gesetzbuch: BGB, 16. Auflage, C.H. Beck, München 2015.

- Palandt, Otto; Bürgerliches Gesetzbuch, 76. Auflage, C.H. Beck, München 2017.

Monographien

- Auer-Reinsdorff (Hrsg.) / Conrad, Isabell; Handbuch IT- und Datenschutzrecht, 2. Auflage, C.H. Beck, München 2016.

- Kilian, Wolfgang / Heussen, Benno; Computerrechts-Handbuch, 33. Auflage, C.H. Beck, München 2017.

- Marly, Jochen; Praxishandbuch Softwarerecht, 6. Auflage, C.H. Beck, München 2014.

- Redeker, Helmut; IT-Recht, 6. Auflage, C.H. Beck, München 2017.

- Schwab, Martin; AGB-Recht, 2. Auflage, C.F. Müller, Heidelberg 2014.

- Stoffels, Markus; AGB-Recht, 3. Auflage, C.H. Beck, München 2015.

- Westphalen (Hrsg.) / Schneider, Jochen; Software-Erstellungsverträge, 2. Auflage, Dr. Otto Schmidt, Köln 2013.

Fachaufsätze

- Fischer, Thomas / Müller, Marcus; EVB-IT System 2.0 – Die wichtigsten Änderungen im Überblick, CR2012, S.422 - 428.

- Intveen, Michael; Hinweise für die Nutzung der neuen EVB-IT System (Version 2.0), ITRB 2013, S.168 - 171.

- Kremer, Sascha / Sander, Stefan; Der EVB-IT Systemvertrag - doch kein (einheitlicher) Werkvertrag?, CR 2015, S.146 - 153.

- Witzel, Michaela; Abnahme, Projektbeendigung und Schadensersatz - Gestaltungsmöglichkeiten für die „worst case"-Szenarien in IT-Projekten, CR2017, S.213 - 219.

BEI GRIN MACHT SICH IHR WISSEN BEZAHLT

- Wir veröffentlichen Ihre Hausarbeit, Bachelor- und Masterarbeit

- Ihr eigenes eBook und Buch - weltweit in allen wichtigen Shops

- Verdienen Sie an jedem Verkauf

Jetzt bei www.GRIN.com hochladen und kostenlos publizieren